LINGUAGEM CORPORAL

Aprenda A Ler E Enviar Mensagens Não Verbais

(Como Analisar Pessoas Em Menos De Um Dia)

Cody Long

Traduzido por Daniel Heath

Cody Long

Linguagem Corporal: Aprenda A Ler E Enviar Mensagens Não Verbais (Como Analisar Pessoas Em Menos De Um Dia)

ISBN 978-1-989837-27-6

Termos e Condições
De modo nenhum é permitido reproduzir, duplicar ou até mesmo transmitir qualquer parte deste documento em meios eletrônicos ou impressos. A gravação desta publicação é estritamente proibida e qualquer armazenamento deste documento não é permitido, a menos que haja permissão por escrito do editor. Todos os direitos são reservados.

As informações fornecidas neste documento são declaradas verdadeiras e consistentes, na medida em que qualquer responsabilidade, em termos de desatenção ou de outra forma, por qualquer uso ou abuso de quaisquer políticas, processos ou instruções contidas, é de responsabilidade exclusiva e pessoal do leitor destinatário. Sob nenhuma circunstância qualquer, responsabilidade legal ou culpa será imposta ao editor por qualquer reparação, dano ou perda monetária devida às informações aqui contidas, direta ou indiretamente. Os respectivos autores são proprietários de todos os direitos autorais não detidos pelo editor.

Aviso Legal:
Este livro é protegido por direitos autorais. Ele é designado exclusivamente para uso pessoal. Você não pode alterar, distribuir, vender, usar, citar ou parafrasear qualquer parte ou o conteúdo deste ebook sem o consentimento do autor ou proprietário dos direitos autorais. Ações legais poderão ser tomadas caso isso seja violado.

Termos de Responsabilidade:
Observe também que as informações contidas neste documento são apenas para fins educacionais e de entretenimento. Todo esforço foi feito para fornecer informações completas precisas, atualizadas e confiáveis. Nenhuma garantia de qualquer tipo é expressa ou mesmo implícita. Os leitores reconhecem que o autor não está envolvido na prestação de aconselhamento jurídico, financeiro, médico ou profissional.

Ao ler este documento, o leitor concorda que sob nenhuma circunstância somos responsáveis por quaisquer perdas, diretas ou indiretas, que venham a ocorrer como resultado do uso de informações contidas neste documento, incluindo, mas não limitado a, erros, omissões, ou imprecisões.

Índice

Parte 1 1

Introdução 2

Capítulo 1: Oito Elementos Chave Da Linguagem Corporal . 5

FACE 5
OLHOS 5
POSTURA CORPORAL 6
GESTOS 6
VOZ 7
MOVIMENTO 7
TOQUE 8
APARÊNCIA FÍSICA 8

Capítulo 2: Tipos De Comunicação Não Verbal 10

TRÊS ELEMENTOS ESSENCIAIS NA LINGUAGEM CORPORAL DENTRO DA COMUNICAÇÃO NÃO VERBAL 13
Fazer Contato Visual *13*
Sorriso Quente E Inteligente *14*
Manutenção De Uma Postura Correta *15*

Capítulo 3: Vários Tipos De Linguagem Corporal Universal E A Linguagem Corporal Definida Pela Cultura 17

LINGUAGEM CORPORAL UNIVERSAL 17
A LINGUAGEM CORPORAL DEFINIDA PELA CULTURA 18
CONFLITOS DA LINGUAGEM CORPORAL NAS DIFERENTES CULTURAS . 21
GESTOS NÃO VERBAIS EM COMUNICAÇÃO 22
DEMOSTRAÇÃO DE EMOÇÕES 24
AÇÕES NÃO VERBAIS 25
MODELOS E TEORIAS SOBRE A LINGUAGEM CORPORAL .. 28
Modelo De Equivalência Cultural *29*
Modelo De Vantagem Cultural *30*

Como É Que O Orgulho E A Vergonha São Demonstrados No Mundo Inteiro? 31

Capítulo 4: Como É Que A Linguagem Corporal Pode Ser Aplicada No Seu Quotidiano? 33

Aplicação Da Linguagem Corporal Nos Diversos Campos 34
A Linguagem Corporal No Ensino 35
Aprender Uma Língua Diferente *35*
Aumentar A Eficácia Da Sua Comunicação *37*
Identifique A Mentira Nos Diversos Campos 39
Departamento De Investigação Criminal *39*
Póquer E Outros Jogos *40*
A Diferença Entre A Quinésica E A Linguagem Corporal 41

Capítulo 5: Conclusão 43

Expressões Faciais Universais 46
Análise Da Linguagem Corporal 47
Contexto *48*
Cultura *49*

Parte 2 50

Introdução 51

Capítulo 1. O Que É Linguagem Corporal? 55

Capítulo 2. Gestos Comuns Que Você Precisa Saber 57

Sinais Congênitos E Adquiridos 57
Gestos Básicos 59

Capítulo 3. Linguagem Corporal E Mentiras 66

Como Reconhecer Uma Mentira? 68
Dicas Para Reconhecer Uma Mentira 70

Capítulo 4. Linguagem Corporal E Carreira 78

Posição Corporal 79
Mãos 80
Olhos 81

LINGUAGEM CORPORAL DO ENTREVISTADOR 82
PRÁTICA 83
APERTOS DE MÃO 84
APERTO DE MÃO DOMINANTE ESUBMISSO 84
POSIÇÕES CORPORAIS 89

Capítulo 5. Linguagem Corporal E Flerte 91

GESTOS MASCULINOS DE FLERTE 92
GESTOS FEMININOS DE FLERTE 93

Conclusão 97

Parte 1

Introdução

Se questionar o método de comunicação de uma pessoa, a resposta será "palavras", mas de fato nós também podemos expressar os nossos pensamentos sem utilizarmos palavras. As pessoas podem comunicar através da sua face ou do seu corpo. Para além disso as pessoas usam alguns gestos de forma consciente tal como o sinal do "Fixe" e do "piscar o olho" para transmitir a ideia de aprovação ou conivência. As pessoas podem transmitir os seus sentimentos interiores e atitudes usando muitos outros gestos. Há que perceber

O que é que estas expressões significam?

- Como usá-las?

- *COMO É QUE ESTES GESTOS PODEM SER INTERPRETADOS?*

Com a ajuda da linguagem corporal, as expressões faciais e os movimentos, você pode medir e perceber o que as outras pessoas pretendem declarar.

A linguagem corporal significa que se trata de uma forma de comunicação não verbal, porque ajuda as pessoas a transmitirem a sua mensagem em sinais, por uma via não verbal, e através do comportamento físico. Os comportamentos podem incluir o seguinte:

- Expressões Faciais
- Postura corporal
- Gestos
- Movimento ocular
- O toque e o uso do espaço

A linguagem corporal é usada por humanos bem como por animais, mas o livro baseia-se e foca-se na linguagem corporal humana, que também é conhecida por quinésica. A linguagem corporal é muito diferente da linguagem gestual porque a linguagem gestual é uma forma completa de linguagem, com a sua própria sintaxe e conceitos fundamentais. Não há sintaxe envolvida na linguagem corporal, esta é interpretada num sentido mais lato, tendo em consideração cada cultura.

Numa comunidade, existem formas concretas de interpretar certos comportamentos em particular, porque a forma como são apreendidos varia tendo por base a cultura, o país e a religião. A comunicação não verbal ajuda-nos a estabelecer relações com os outros, mas para que isto aconteça, é imperativo que entendamos e saibamos ler a linguagem corporal, de forma a evitarem-se más interpretações dentro das interações sociais.

Capítulo 1: Oito Elementos Chave da Linguagem Corporal

Os oito elementos chave da linguagem corporal são os seguintes:

Face

A Face tem um papel importante na comunicação não verbal porque pode mostrar prazer, raiva, nojo, aborrecimento ou expressões neutrais enquanto está a verbalizar. As expressões faciais vão ajudá-lo a perceber o nível de autoconfiança e nervosismo numa pessoa.

Olhos

Os olhos são uma parte muito proeminente da face, é uma das

características mais expressivas da sua face. As pessoas podem entrar em contato visual com outras, ou evitar fazê-lo enquanto estão a falar, tendo por base a intensidade e a natureza do tópico em questão. Há diferentes culturas e significados quanto ao contato visual, em todo o mundo.

Postura Corporal

A sua postura pode incluir a forma como segura as suas mãos, a cabeça, as pernas, os braços, os ombros ou as coxas. Toda a gente contribui com a sua forma individual de comunicação não verbal. A postura pode ajudá-lo a entender o nível de confiança e nervosismo de uma pessoa.

Gestos

Os gestos também têm um papel importante na comunicação não verbal, por exemplo, as suas palavras e os seus sentimentos devem estar em sintonia.

Uma pessoa que está a dizer olá pode não estar a passar essa mesma mensagem através dos seus gestos. Você deve ser capaz de controlar os seus gestos e palavras durante um discurso.

Voz

A Voz é usada na comunicação verbal, mas também é parte importante da comunicação não verbal. Por exemplo, a sua voz é muitas vezes analisada ao nível do tom, do volume das emoções e da rapidez. Todos os elementos podem influenciar as suas mensagens porque eles todos têm um papel importante na linguagem corporal.

Movimento

O movimento do corpo inteiro ou de uma parte específica do corpo, pode transmitir uma mensagem à outra pessoa. Por exemplo, chegar mais perto do outro pode demonstrar confiança e vontade de falar com essa pessoa, mas afastar-se pode também enviar a mensagem de que está a tentar evitá-la.

Toque

O mais potente elemento da linguagem corporal é o toque, porque ele passa diferentes mensagens aos seus amigos e familiares. O toque pode ser interpretado de diversas formas, tal como amizade, comunal, proximidade e/ou profissional.

Aparência Física

A sua aparência física é realmente importante porque através das suas roupas, da forma do corpo, se tem uma apresentação cuidada, e outros elementos que transmitem a imagem única do seu visual, é também um sinal para os outros. Por exemplo, a sua maneira formal de vestir pode transmitir que vai a evento formal, já a sua forma de vestir casual pode demonstrar de que vai estar num encontro familiar.

Capítulo 2: Tipos de Comunicação Não Verbal

A linguagem corporal significa o uso de gestos, do tom de voz, da expressão facial e de muitos outros elementos que transmitem a sua mensagem sem utilizar a palavra. Existe uma lista de gestos não verbais e tipos de comunicação, tais como:

- **Adorno:** O uso de diferentes acessórios ou vestuário, incluindo roupa, joias e penteado.

- **Cronémica:** Uso particular de momentos de pausa e espera na comunicação.

- **Háptico:** Comunicação Percetível, que transmite uma mensagem através do toque.

- **Quinésica (equivalente a linguagem corporal):** É bastante semelhante a linguagem corporal, incluindo padrões de bater com os pés, de encolher os ombros, de abanar as mãos, gestos, abanar a cabeça e outros movimentos com outras partes do corpo.

- **Locomoção:** É a deslocação no espaço, incluindo correr, andar, coxear e vacilar.

- **Mímica:** Relacionado com sorrir, mostrar raiva, espreitar ou mesmo fazer caretas.

- **Movimentos Oculares:** Define os movimentos dos olhos, incluindo fechar os olhos, piscar os olhos de forma impulsiva ou pensada ou arregalando os olhos demonstrando surpresa.

- **Percepção olfativa:** Engloba um sem número de expressões de vários tipos de cheiro, incluindo cheiros fortes, agradáveis, estranhos e/ou doces.

- **Paralinguagem:** Explica os desvios na qualidade da voz e do seu estilo de discurso.

- **Silencio:** Trata-se de uma pausa ou sigilo.

- **SímbolosSonoros:** São ronronares, murmúrios e sussurros, tais como hmm, ah, oh, etc.

- **Vocálicos:** Relacionados com a velocidade, tom de voz, intensidade, volume e timbre.

- **Postura:** Trata-se da posição do seu corpo enquanto está a falar com outras pessoas.

- **Proxémicos:** É esta uma parte importante da linguagem corporal porque ajudá-lo a aprender sobre o espaço interpessoal.

Três Elementos Essenciais na Linguagem Corporal dentro da Comunicação Não Verbal

Fazer contato visual

O contato visual é uma parte importante da comunicação não verbal porque através do olhar podemos demonstrar os nossos sentimentos interiores. Os outros podem ler nos seus olhos se está feliz, irritado, excitado ou tenso. Você deverá saber qual a forma de aplicar o contato visual durante a sua comunicação, tal como não olhar fixamente para outras pessoas sem qualquer razão aparente.

Olhe nos olhos das outras pessoas enquanto estiver a falar. Não desvie o olhar durante a comunicação, porque isso revelará o seu desinteresse ou desonestidade. O contato visual é um forte medidor de autoconfiança e você tem que ser confiante o suficiente enquanto comunica com os outros.

Sorriso Quente e Inteligente

Um sorriso quente e inteligente na sua face é um grande indicador da sua personalidade confiante em relação aos outros. Deixará uma grande impressão nos outros, de que, você está aberto a ouvir os pontos de vista dessas pessoas, com atenção.É algo difícil de praticar, a inflexibilidade facial, mas pode praticar-se em frente ao espelho, uma ou duas vezes por dia para fazer com que os seus músculos relaxem.

As outras pessoas ficarão com uma boa impressão da sua personalidade com a ajuda de um sorriso luminoso. Eles considerarão que você é uma pessoa agradável e de fácil aproximação. Pode encorajar até o outro a falar sem hesitações.

Manutenção de uma Postura Correta

A Postura é algo realmente importante na comunicação não verbal tal como é a sua saúde. As outras pessoas podem percecionar a sua personalidade com a ajuda da sua postura corporal. Por exemplo um ar cansado denota o seu desinteresse ou aborrecimento. Não é um bom sinal que queira demonstrar numa personalidade confiante, e certamente jogará a seu desfavor. Se pretende melhorar a sua postura corporal e relaxar os seus músculos, espreguiçar-se ou esticar os músculos em curtos espaços de tempo, e com uma certa frequência, poderá ajudá-lo. Reduza a rigidez do seu corpo, levante-se, sente-se com as costas direitas e ande com confiança, isto vai certamente melhorar a impressão com que os outros ficam da sua personalidade.

A linguagem corporal é uma forma importante de aumentar a eficácia da sua comunicação e melhorará a sua comunicação interpessoal. Um orador com a postura corporal e expressões faciais corretas, pode melhor transmitir a sua mensagem, de uma forma mais eficaz, ao seu público alvo.

Capítulo 3: Vários tipos de Linguagem Corporal Universal e a Linguagem Corporal Definida pela Cultura

A linguagem corporal pode ser categorizada como universal ou como culturalmente específica devido a várias razões, tais como:

Linguagem Corporal Universal

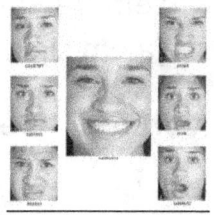

As expressões faciais são parte importante da comunicação não verbal, e são a única forma universal de linguagem corporal. O Charles Darwin foi a primeira pessoa a antecipar que a expressão facial seria muito semelhante nas diferentes culturas.

A hipótese foi aprovada em 1960, através de vários testes laboratoriais. Várias pesquisas mostraram seis tipos de expressões faciais universais, incluindo medo, tristeza, felicidade, surpresa, raiva e nojo. Os pesquisadores ainda discutem sobre a aprovação ou desaprovação de expressões universais. Independentemente da sua localização geográfica, é importante considerar que o seu corpo procura sempre transmitir algo ainda que você esteja em silêncio.

A Linguagem Corporal Definida pela Cultura

Se você vai viajar para outro país, é difícil

aprender completamente o idioma desse outro país, no entanto pode facilitar a sua vida se resolver aprender a linguagem corporal específica dessa cultura. A comunicação não verbal vai ajudá-lo em vários espaços comerciais. É errado não considerar a linguagem corporal universal, mas é preciso entendermos que esta pode variar consoante a cultura porque os gestos, a forma como as pessoas se apresentam ou as suas posturas podem ser entendidas de diferentes formas.

As pessoas percecionam o contacto visual de diferentes maneiras, por exemplo, o contato visual durante o discurso pode ser visto como autoconfiança, mas noutras culturas pode ser considerado como um desafio. Da mesma forma que os polegares para cima são considerados um sinal de vulgaridade no Irão, já nos Estados Unidos da América, quer dizer que tudo está bem. Um sinal de "OK" é dado fazendo um círculo com o polegar no dedo indicador, ao mesmo tempo que em vários outros países isso pode ser considerado uma ofensa ou como uma referência a partes íntimas do corpo.

Em alguns países, é considerado um gesto rude o aperto de mão, já no Médio Oriente é considerado um gesto ofensivo dar algo a alguém com a mão esquerda, já que normalmente essa mão é usada para efeitos de higiene pessoal. O arrotar depois de uma refeição não é bem visto nos Estados Unidos da América, já na Índia o arroto é sinal de que a pessoa apreciou os cozinhados. Em algumas culturas, o espaço individual da pessoa é muito valorizado durante a conversação, mas no médio Oriente é aceitável as pessoas falarem consigo muito próximo da sua cara. Na América Latina, as pessoas gostam muito de tocar, seja em estranhos ou entre amigos.

O mesmo gesto é visto como contato sexual nos Estados Unidos da América. Em vários países Asiáticos, não é permitido tocar na cabeça de uma criança, porque é considerado que se está a danificar a alma daquela criança.

Conflitos da Linguagem Corporal nas Diferentes Culturas

A linguagem corporal envolve significados altamente precisos e também figurativos quando comparada com o discurso verbal. A mensagem na linguagem corporal é transmitida através de gestos, posturas e *timings*. Há aspetos que diferem da comunicação não verbal em todo o mundo, e essas diferenças são baseadas nas diferentes culturas.

As variações da comunicação não verbal podem levar a desentendimentos entre as pessoas das diferentes culturas. As variações na comunicação não verbal podem basear-se na cultura, tal como os Chineses preferem manter-se calados do que interagirem ao nível da comunicação verbal. A diferença pode ser notada através de gestos, formas de vestir, posturas, olhares, formas de dar indicações, ou outros aspetos da cultura.

Gestos Não Verbais em Comunicação

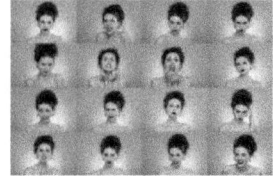

O primeiro aspeto da comunicação não verbal são gestos claros, e isto pode variar em todo o mundo. Por exemplo, o ato de apontar com o dedo é visto como um gesto rude nos Estados Unidos da América. Em várias culturas Asiáticas, o gesto é visto como dar ordens a um cão. Este ato é visto como sinal de desrespeito em vários países do Ocidente, já na Polinésia, o mesmo gesto é visto como sinal de respeito.

O gesto de aplaudir é visto de maneira muito diferente nas diversas regiões do mundo, nos Estados Unidos da América, isto é visto como um aplauso, mas em Espanha, é usado para chamar um empregado quando se está num restaurante. Abanar a cabeça para cima e para baixo, quer dizer "Sim" e o abanar de cabeça de um lado para o outro representa "Não". Há alguns anos atrás, os Gregos, viam estes sinais de maneira completamente oposta. O abanar de cabeça de cima abaixo significava "Não" enquanto que abanar para os lados significava que "Sim".
Também há formas diferentes de se dizer adeus, tal como os Americanos movem a

mão de um lado para o outro mantendo a palma virada para fora. Os Italianos mantêm a palma virada para o lado de dentro e movem os dedos enquanto olham para a outra pessoa. Os Franceses e os Alemães mantêm a mão numa posição horizontal e movem os dedos na direção da pessoa que se prepara para sair. Este tipo de gesto é famoso em círculos informais, e tipicamente, as crianças fazem-no de forma recorrente.

Demostração de Emoções

Nas culturas Árabes e Iranianas, as pessoas podem expressar tristeza de forma livre, e fazem-no de uma forma bastante ruidosa. As pessoas dos países do ocidente consideram que o riso é uma demonstração de divertimento, mas em África é visto como algo que causa embaraço. A demonstração ao nível das emoções varia consoante a cultura que estamos a analisar, exemplo disso são os Nativos Americanos que são sempre muito cuidadosos quando expressam as suas emoções. Os Chineses adoram expressar os seus sentimentos através de ações, que podem incluir pancadinhas nas costas, abraços, beijos ou através do toque. Os Americanos da América do Norte mantêm-se sempre mais reservados quando em comparação com os Chineses.

Ações Não Verbais

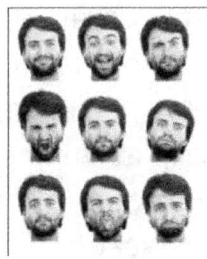

As ações não verbais podem ajudá-lo a explicar melhor a sua mensagem a diferentes pessoas. As suas ações devem estar em harmonia com a mensagem de forma a evitar confusões. Por exemplo, se vai partilhar boas notícias, deve demonstrar uma expressão facial de felicidade ao invés de demonstrar tristeza. A comunicação não verbal é mesmo importante, de forma a compararmos o tom de voz, com os gestos e o olhar de acordo com as diferentes culturas.

Gesticular enquanto se discursa é algo bastante famoso na América Latina, enquanto que as pessoas da região do Médio Oriente, são sempre mais modestas quando estão em público. Todas as culturas têm as suas próprias regras, regulamentações, e tradições, no que concerne as ações não verbais. O ato de olhar fixamente para as pessoas é praticado de forma diferente, dependendo da cultura a que se pertence, tal como nas culturas Asiáticas, as mulheres evitam o contato visual porque o mesmo é tido como a manifestação de um interesse sexual.

O ato de contemplar é tido como respeitoso em certas culturas, enquanto nos países do Ocidente, o contato visual é tido como sinal de honestidade. No Médio Oriente e também os Nativos Americanos vêem-no como um sinal ou gesto rude, e não consideram um ponto negativo se uma pessoa não estabelecer contato visual. Reações diferentes à voz são também consideradas como uma forma de expressão dos sentimentos do indivíduo.

No que diz respeito à comunicação não verbal, a distância que se guarda, do ponto de vista físico, é importante que seja mantida nas diferentes culturas. Na América Latina bem como no Médio Oriente as pessoas mantêm uma curta distância entre elas, enquanto falam umas com as outras. Os Latino-Americanos, os Franceses e os Italiano gostam de estar mais perto da pessoa enquanto estão a falar com elas. Normalmente a distância de trinta centímetros é guardada para a pessoa amada, de cinquenta centímetros a um metro e meio com família e amigos, e mais de um metro e meio é a distância que guardam quando falam com estranhos. Os Nativos Americanos gostam de manter uma distância considerável dos outros enquanto falam, como forma de proteção.

Modelos e Teorias sobre a Linguagem Corporal

Os estudiosos estão a trabalhar nos elementos que caracterizam a linguagem corporal de forma a que se possa compreender as semelhanças que existem ao nível das diferentes culturas. As opiniões divergem neste aspeto, tal como a teoria de Darwin em 1872, que afirmava que as expressões faciais e emoções corporais estão relacionadas com a herança genética. Por outro lado, os estudiosos consideram tudo de maneira diferente, tal como consideram que a expressão das emoções, pode ser influenciada pela cultura. Ambas as teorias são seguidamente explicadas, através destes dois modelos, tais como:

- Modelo de Equivalência Cultural

- Modelo de Vantagem Cultural

Modelo de Equivalência Cultural

O modelo diz-nos que as pessoas têm que entender as emoções vindas de diferentes grupos, de forma igualitária. O modelo é explicado por Soto e Levenson em 2009, e é baseado na revolucionária teoria de Darwin de 1872. Ele notou que ambos, os animais e os humanos têm uma postura de expressões paralelas, incluindo felicidade, agressividade e medo.
Estes traços paralelos vêm contradizer a questão da evolução dos animais, (animais sociais) que possuem uma habilidade natural para transmitir sinais uns aos outros. Este conceito é explicado por vários académicos, incluindo Chevailer e

Skonlnikoff em 1974 e Lassako e Aul-anko em 1994. A teoria de Darwin afirma que ele notou expressões semelhantes em animais e humanos. O modelo propunha que estas expressões eram semelhantes, independentemente da cultura ou do país serem diferentes. O comportamento e o significado de cada expressão podem ser completamente diferentes.

Em 1971, Ekman e Friesen fizeram um estudo que serviu como uma das peças mais fortes no que diz respeito à substanciação. De acordo com o estudo, os representantes das tribos da Papua Nova Guiné, que eram basicamente analfabetos, conseguiam reconhecer expressões faciais de pessoas que tinham vivido nos Estados Unidos da América. Não havia qualquer ligação intercultural ou difusão pelas pessoas das tribos da Papua Nova Guiné no que diz respeito a outras culturas, eles eram etnicamente isolados do resto do mundo.

Modelo de Vantagem Cultural

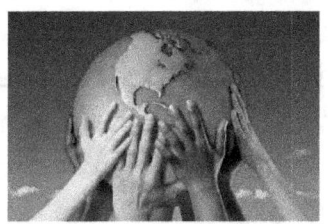

O modelo de vantagem cultural indica que uma pessoa de raça semelhante pode processar uma ilustração de forma mais natural, de forma correta e profissional do que as outras raças. Há outros fatores que aumentam a retidão no que diz respeito à construção da familiaridade dos sotaques não verbais. A revisão da literatura mostra-nos que existem sete emoções reconhecidas de forma universal, que são algo edificantes do ponto de vista da sua origem, surpresa, medo, raiva, felicidade, tristeza, desprezo, e repugnância.

Como é que o orgulho e a vergonha são demonstrados no mundo inteiro?

Há imensos estudos eruditos que provam que as expressões de orgulho e vergonha são universais. A expressão de orgulho resume-se numa postura alongada do corpo, com um movimento da cabeça para trás, e que mostra ao mesmo tempo um ligeiro sorriso na face, ao levantar o canto da boca. A expressão de vergonha também é uma expressão universal que pode incluir esconder a face de outros, e virar a cara para baixo. As pessoas também podem cobrir a cara com as mãos de forma a expressar vergonha. Estas expressões foram explicadas porTracy e o Robins em 2008.

Capítulo 4: Como é que a linguagem corporal pode ser aplicada no seu quotidiano?

A linguagem corporal é uma forma espontânea de comunicar com os outros. Há áreas específicas que podem ajudá-lo a perceber o conceito e as ações da linguagem corporal. Esta pode ser usada a um nível mais alargado, quanto à eficácia na comunicação.

Pode ser usada em anúncios ao nível do domínio doméstico, sendo que se verifica, um aumento da sua utilização, de dia para dia. Existem variadíssimos guias e livros disponíveis, que podem ensinar as pessoas sobre as diferentes formas de linguagem corporal, bem como, quanto à aplicação da mesma. É muito benéfico o uso da linguagem corporal nos mais variados cenários.

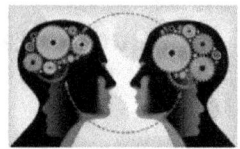

Aplicação da Linguagem Corporal nos Diversos Campos

A linguagem corporal é usada nos mais variados campos porque pode transmitir a sua mensagem de uma maneira eficaz. A linguagem corporal é usada como forma de linguagem instrutiva para evidenciar os métodos de ensino nos diversos assuntos e matérias, incluindo na matemática.

A linguagem corporal pode ser uma substituta da linguagem verbal, se a sua audiência não compreender a sua língua. É também, particularmente importante, fazer uso da linguagem corporal para comunicar com pessoas que sofram de surdez ou afasia. A linguagem não verbal é usada para detetar traições, com a ajuda de micro expressões na aplicação da lei pelos agentes de autoridade, bem como no mundo do póquer.

A Linguagem Corporal no Ensino

A linguagem corporal é usada,em vários métodos de ensino, nas seguintes formas:

Aprender uma Língua Diferente

A aprendizagem de uma outra língua é inspirada no fato de ser importante aprender essa mesma língua para conseguir atingir um método de comunicação, e capacidades estratégicas e socio linguísticas. As capacidades socio linguísticas podem vir a definir a compreensão da linguagem corporal e o uso desta linguagem em particular. Poderá ocorrer alguma pressão cultural, que poderão advir de tradições diferentes na sua génese. É necessário atingir-se a habilidade em reconhecer a linguagem corporal e entender a aplicação da comunicação não verbal, para se atingir um nível de fluência na língua, que vá para além do nível da conversação.

É mesmo importante o uso da linguagem corporal para explicar a sua mensagem verbal. Vai ajudá-lo a reduzir a sensação de vazio e falta de significado ao nível da capacidade intelectual. Em 1985, a senhora Pennycook sugeriu o uso limitado de materiais não visuais a fim de facilitar o ensino de uma segunda língua, para melhorar os diferentes aspetos da comunicação. É muitas vezes referida como bi-quinésica.

Aumentar a Eficácia da sua Comunicação

A linguagem corporal é bastante útil no ensino de uma segunda língua, mas também pode ser usada noutras áreas. A contribuição não linguística é tida como guia, dica e necessidade do aluno dar uma resposta correta. Este método pode ser combinado com outro método vocal, de forma a guiar os estudantes através de uma mais fácil compreensão da língua. Há três características principais na linguagem corporal, e estes métodos podem manipular diferentes métodos de ensino. O método pode incluir perceção, comunicação e proposição.

- A linguagem corporal é uma característica intuitiva, usada para instruir e exemplificar a linguagem através das palavras, emparelhando expressões não verbais e outros gestos. Por exemplo, ao ensinarem os alunos sobre "Choro", os professores fazem uma expressão de choro. Isto irá ativar uma impressão mais profunda que por sua vez, irá evidenciar a habilidade de aprendizagem daquela palavra em específico.

- As componentes faladas levam-no a entender a linguagem corporal, ao criar o ambiente apropriado, com vista a uma aprendizagem mais eficaz, por parte dos alunos. O ambiente holístico vai ajudá-lo a ser mais produtivo ao nível da aprendizagem e a adquirir novos conceitos.

- Há algumas componentes recomendadas na linguagem corporal, que são usadas como ferramentas criativas, a fim de aumentar as várias oportunidades que os alunos terão de adicionar detalhes e a serem meticulosos nos conceitos e nas palavras, ao ligarem-nas ao corpo da linguagem.

Identifique a Mentira nos Diversos Campos

A linguagem corporal é usada pelas forças da lei, bem como no mundo do póquer, para detetar engano ou dolo, senão vejamos:

Departamento de Investigação Criminal

A linguagem corporal é considerada importante para as forças da autoridade, pois a mesma ajuda a perceber e avaliar a personalidade de diferentes pessoas. Semelhantes atributos da linguagem corporal podem ajudá-lo, no F.B.I., estão ao dispor do público vários boletins que explicam esta questão. A linguagem corporal é usada pelas forças da lei, porque neste campo, os membros de vários departamentos usam algumas técnicas a fim de perceberem, através da linguagem corporal, quem é o culpado de determinado crime.

A linguagem corporal vai ajudá-los a identificar vítimas ao analisar certos sinais verbais. No entanto podem julgar-se pessoas de forma mais fidedigna, com a ajuda da linguagem corporal e da comunicação não verbal. A comunicação não verbal pode ajudar os membros das forças da autoridade a mudar de opinião quanto ao posicionamento de transeuntes em determinado espaço público.

Póquer e outros Jogos

O póquer é um jogo interessante e bastante apelativo para os seus jogadores, mas para ganhar um jogo, você deve possuir a habilidade de entender e ler a linguagem corporal. Saber jogar o jogo em si e conhecer os seus truques não é o suficiente para ganhar, pelo simples fato de que ler e analisar a linguagem corporal dos adversários vai ajudá-lo a compreender os movimentos feitos pelos mesmos. O elemento chave para ganhar no póquer é enganar o oponente. Para analisar o dito bluff, o jogador deve ter a habilidade de identificar esses mesmos sinais e tiques dos oponentes. Os jogadores devem também estar atentos a todos os movimentos e gestos feitos pelo adversário.

A Diferença entre a Quinésica e a Linguagem Corporal

A Quinésica é um estudo importante que ajuda a interpretar a comunicação não verbal de acordo com o movimento de uma dada parte do corpo humano, ou então do corpo humano como um todo. Nas palavras de um homem comum, é aqui usado em particular o estudo da linguagem corporal.

O RayBirdwhistell foi a pessoa que lançou este estudo pela primeira vez, ele decidiu não utilizar o termo linguagem corporal, por não considerar adequado. Ele argumentou que a mensagem transmitida pelo corpo não chega a constituir a definição de linguagem por um poliglota.

O Sr. Birdwhistell apontou a diferença dos gestos humanos em comparação com os outros animais, estes são normalmente conhecidos como polissémicos. Existem diferentes métodos que nos permitem analisar o significado da comunicação, através de contextos díspares nos quais estes são criados. O Sr. Birdwhistell explicou que a linguagem corporal pode decifrar algo de uma forma superlativa. Ele explicou que cada e todo o movimento deve ser explicado abertamente numa combinação com outros elementos da comunicação. Na presença de todos os fatos, a linguagem corporal ainda é a mais famosa e mais usada para comunicar em comparação com a Quinésica.

Capítulo 5: Conclusão

A linguagem corporal também conhecida como comunicação não verbal pode ajudá-lo a compreender o comportamento físico de um indivíduo. Permite às pessoas expressarem o seu ponto de vista ao nível da expressão facial, dos gestos, dos movimentos oculares e também através do toque. A linguagem corporal é diferente se compararmos os humanos aos animais.

Há quem confunda a linguagem corporal com linguagem gestual, mas basicamente há uma enorme diferença entre as duas. A linguagem corporal é muito diferente, e em cada país ou cultura existe uma forma própria, e também práticas e costumes, que fazem com que a linguagem corporal seja diferente. A expressão de boas vindas difere de país para país, uns podem considerá-la cortês, enquanto outros poderão avaliá-la como um ato rude. A comunicação não verbal é também tida como uma forma de revelar e provar intenções tácitas ao nível dos sentimentos e comportamentos físicos. O comportamento poderá incluir:

- Expressão facial
- Postura corporal
- Gestos
- Movimentosoculares
- *O TOQUE E O USO DO ESPAÇO FÍSICO DURANTE A COMUNICAÇÃO.*

A linguagem corporal é uma parte importante da comunicação regular, porque é possível ultrapassar a barragem do idioma diferente. Você tem que aprender linguagem corporal, sinais e gestos para que possa comunicar, de uma forma eficaz, não verbal com pessoas do sexo masculino e/ou feminino no âmbito das relações românticas ou de interação sexual. A comunicação moderna requer um entendimento profundo ao nível da linguagem corporal de forma a que se possa entender o outro ao nível das relações humanas. É igualmente benéfico ao nível da administração e liderança, observar as atitudes e gestos de outros no trabalho.

Uma comunicação eficaz contempla ouvir, os sinais não verbais e entender a linguagem falada através das palavras. A linguagem corporal pode ser praticada de duas formas distintas, sendo elas:

- A linguagem corporal é usada para revelar a forma como sente, e a forma como se entende as mensagens passadas pelos outros.
- *As pessoas usam a linguagem corporal para demonstrarem os seus sentimentos, e o significado dos mesmos aos seus interlocutores.*

Enviar, receber e entender os sinais da linguagem corporal, pode ser feita ou entendida ao nível consciente ou inconsciente. A linguagem corporal também é conhecida como Quinésica, que representa movimento.

Expressões Faciais Universais

Existem seis expressões faciais universais que são reconhecidas em todo o mundo. Estas são na sua generalidade expressões usadas para identificar o que os outros estão a sentir. As expressões podem ser herdadas geneticamente, de acordo com as condições sociais. Algumas variações mínimas e diferenças podem ocorrer entre tribos, mas as emoções básicas, são geralmente reconhecidas como fazendo parte da personalidade genética. As seis expressões faciais universais são:

- Felicidade
- Tristeza
- Terror
- Repugnância
- Revelação
- *ABORRECIMENTO*

Inicialmente, as expressões faciais foram explicadas por Charles Darwin, que dizia que as expressões de emoção eram semelhantes entre humanos e animais. O livro ficou famoso nessa altura, no entanto não foi livre de controvérsia. Em 1960, as expressões faciais eram estudadas por Paul Ekman e outros peritos na California. As expressões faciais são inatas em várias pessoas, e mostram a habilidade que o ser humano tem de transmitir certas emoções. As expressões faciais são, de uma forma geral passadas de forma genética, independentemente da aprendizagem social ou das condições envolventes.

Análise da Linguagem Corporal

A linguagem corporal é interpretada até um certo nível, e diz-se que um humano pode produzir quase 700 000 movimentos diferentes. O desenvolvimento da tecnologia das imagens cerebrais foi uma inovação do século XX porque acelerou dramaticamente o trabalho de pesquisa, no que concerne a aprendizagem e entendimento da conexão entre o cérebro, os sentimentos e os pensamentos. A linguagem corporal é tipicamente analisada tendo por base:

Contexto

A linguagem corporal depende basicamente do seu contexto, tal como o significado de diferentes gestos e expressões faciais que podem ser diferentes dependendo da situação. Por exemplo:

- Se alguém está a esfregar os olhos, demonstra irritação ao invés de estar zangado.
- Uma pessoa com os braços cruzados demonstra que está na defensiva ao invés de estar a tentar manter-se quente
- Arranhar o nariz significa que o indivíduo está a tentar esconder uma

mentira ao invés de realmente sentir uma comichão no nariz.

Cultura

Certos tipos de linguagem corporal têm significados semelhantes em quase todas as culturas, tais como o sorriso, a careta, são entendidos da mesma forma em quase todas as culturas. A linguagem corporal é igualmente importante em quase todas as culturas, de forma a passar uma mensagem de forma eficaz.

Na comunicação, as expressões não verbais são largamente utilizadas para passar a mensagem aos outros com eficácia. É importante que exercite a sua forma de falar e agir, de uma maneira que esteja de acordo com a sua linguagem corporal. É a forma perfeita de demonstrar honestidade, integridade e autoconfiança.

Parte 2

Introdução

Quase todo mundo tem um desejo de ser capaz de ler pensamentos e saber o que está na mente das pessoas. Isso certamente resolveria muitos dos nossos problemas; ou criaria outra dúzia deles. Nós sempre nos importamos com o que as pessoas ao nosso redor pensam, seja o nosso chefe, esposa, namorado, colegas de trabalho, etc. Muitos filmes e livros são baseados em uma história na qual a personagem principal recebe um superpoder que a faz ser capaz de ler o pensamento das pessoas; isso a ajuda a conseguir o que quer porque, a partir deste momento, ela consegue literalmente manipular as pessoas. Aprender linguagem corporal te fará ser capaz de saber o que as pessoas pensam sem que precise ler seus pensamentos. Mesmo que a pessoa esteja tentando te enganar, o corpo dela nunca mente.

Os pensamentos das pessoas são expostos por seu comportamento. O homem tem cerca de 600 músculos em seu corpo, que juntos compõem a linguagem corporal; gestos involuntários durante uma conversa revelam os nossos pensamentos. Comunicação não-verbal é uma forma universal de comunicação. Você pode não se dar conta, mas com o auxílio de movimentos do seu corpo você explica aquilo que quer dizer. Quase todas as características da sua personalidade são refletidas em sua aparência; comportamento, expressões faciais, linguagem corporal e entonação, todos estes são meios adicionais de comunicação sobre os quais nós não prestamos atenção o suficiente. Linguagem corporal - é uma importante parte da comunicação. Para melhorar a efetividade da comunicação verbal, você tem que trabalhar não apenas em sua aparência, mas também em sua linguagem corporal, que corresponde a 50% ou mais daquilo que você está tentando dizer. Linguagem corporal - é uma parte enorme da mensagem que você está tentando transmitir ao seu interlocutor.

É importante entender como você pode usar esta informação. Muitas pessoas não tem consciência de como elas são percebidas aos olhos de outras pessoas, e de que as pessoas podem subconscientemente identificar sinais como linguagem corporal e expressões faciais. O conhecimento sobre como você pode usar comunicação não-verbal para enviar os sinais corretos irá te ajudar a explicar as coisas apropriadamente e a deixar uma impressão positiva sobre você mesmo. Linguagem corporal irá te ajudar a entender as pessoas sem o uso de palavras.

Comunicação não-verbal - é uma das primeiras formas com as quais as pessoas se comunicavam umas com as outras. Hoje ainda não está ultrapassada e não desapareceu. Infelizmente, a maioria das pessoas ainda subestima seu poder. Linguagem de sinais, ou, em geral, a linguagem corporal, acompanha a humanidade por toda a sua História. Muitos oradores famosos usaram o poder oculto da linguagem corporal para influenciar as multidões. Eles dominaram a oratória e os gestos tão bem que eles poderiam literalmente hipnotizar a plateia. Comunicação não-verbal é uma parte muito importante da comunicação entre pessoas. Dominando a linguagem corporal, você será capaz de transmitir ao ouvinte um sentido verdadeiro das palavras, se tornando melhor e mais confiante. Comunicação não-verbal, ou simplesmente linguagem corporal - é uma forma única de comunicar-se. Comunicação não-verbal é usada com habilidade por pessoas bem-sucedidas. E se você quiser entendê-las melhor e os outros - aprenda linguagem corporal! Neste livro te mostraremos como usar linguagem corporal em várias situações diferentes para te mostrar que você pode precisar dela em todas as áreas, seja no trabalho, nas amizades ou nos relacionamentos.

Capítulo 1. O que é linguagem corporal?

Em primeiro lugar, vamos dizer algumas palavras sobre o que a linguagem corporal de fato é.

A comunicação não-verbal (linguagem corporal) - é uma interação comunicacional entre indivíduos sem o uso de palavras (transferência de informações por meio da entonação, gestos, expressões faciais, mímica, etc.) sem utilização de recursos do discurso ou da língua. O instrumento de tal "diálogo" é o corpo humano; ele tem uma grande gama de meios e métodos de transferir ou trocar informações, que inclui todas as formas de auto-expressão. O nome comum, que é utilizado pelas pessoas - é "linguagem corporal". Psicólogos acreditam que a interpretação correta de sinais não verbais é essencial para a comunicação efetiva. Cientistas descobriram que o percentual de informações transmitidas entre as pessoas distribui-se da seguinte forma: por palavras - 7%; por tom de voz ou entonação - 36%; meios não-verbais – 57%.

Ao aprender os sinais da linguagem corporal, você irá entender outras pessoas mais facilmente, e comunicar-se com elas de forma mais efetiva. A maneira como nós falamos, andamos, nos sentamos e nos levantamos, tudo isso revela algo sobre nós, e o que quer que esteja acontecendo no interior será refletido na linguagem corporal.

Capítulo 2. Gestos comuns que você precisa saber

Neste capítulo, vamos considerar uma variedade de gestos, para estudar a sua natureza e aprender como interpretá-los apropriadamente.

Sinais congênitos e adquiridos

Cientistas já fizeram muitas pesquisas para descobrir se os sinais não-verbais são congênitos ou se são adquiridos; se são transmitidos geneticamente ou adquiridos de alguma outra maneira. As evidências foram obtidas pela obervação de pessoas cegas e surdas que não poderiam aprender linguagem corporal com receptadores visuais ou auditivos. Os comportamentos gestuais de diferentes nações e dos nossos parentes antropológicos mais próximos - gorilas e macacos - também foram observados e estudados.

Os cientistas descobriram que a habilidade de sorrir de crianças que nasceram surdas ou cegas se manifesta sem qualquer aprendizado ou cópia, o que dá suporte à hipótese de que os gestos são inatos. Eles confirmaram algumas suposições feitas por Darwin sobre gestos congênitos quando estudaram as expressões faciais de representantes das cinco culturas profundamente distintas. Eles descobriram que diferentes culturas usam as mesmas expressões faciais para a manifestação de certas emoções, o que permitiu que concluíssem que estes gestos devem ser inatos.

Quando você cruza os braços, você coloca sua mão direita sobre a esquerda ou a esquerda sobre a direita? A maioria das pessoas não consegue responder a esta questão até que o faça. De um jeito, irão se sentir confortáveis. O outro causa desconforto. A partir disso, podemos concluir que este pode ser um gesto genético que não pode ser alterado.

Há também discordância sobre se alguns gestos são adquiridos e condicionados pela cultura ou se são genéticos. Por exemplo, a maioria dos homens coloca o seu casaco começando pelo braço direito,

enquanto a maioria das mulheres veste o casaco começando pela manga esquerda. Quando um homem dá licença para uma mulher em uma rua movimentada, ele geralmente gira o seu corpo para a mulher enquanto a mulher geralmente passa girando o corpo na direção oposta à do homem. Estaria ela instintivamente protegendo o seu peito? Este é um gesto inato ou ela aprendeu inconscientemente por observar outras mulheres?
Afinal, a maioria dos gestos de comportamento não-verbal são adquiridos e o significado de muitos movimentos e gestos é determinado culturalmente.

Gestos básicos
Quando as pessoas estão felizes, elas sorriem, quando estão chateadas franzem a testa.
Balançar a cabeça para cima e para baixo quase em todo lugar significa "sim"ou aprovação. Estes gestos parecem ser inatos, já que eles são também utilizados por pessoas surdas e cegas. Balançar a cabeça para indicar discordância ou

negação também é versátil, e pode ser um dos gestos adquiridos na infância. Quando uma criança já está cheia e não quer comer, ela balança a cabeça para os lados afastando-se da colher para dizer "não". Assim, ela aprende muito rapidamente a usar o balançar da cabeça para expressar discordância ou atitudes negativas.

Nós devemos nos remeter ao nosso passado primitivo para a interpretação de vários gestos. Dentes arreganhados, preservados do passado, ainda são usados pelo homem moderno para mosrar hostilidade em um estado de raiva. Sorrir era originalmente um símbolo desta ameaça, mas hoje, combinado com gestos amigáveis, denota prazer ou boa vontade.

Encolher os ombros é um bom exemplo do gesto universal que indica que a pessoa não sabe ou não entende sobre o que se trata. Este é um gesto complexo que consiste em três componentes: palmas abertas, ombros levantados e sobrancelhas levantadas.

Assim como a linguagem verbal se difere dependendo da nação, a linguagem não-verbal também tem diferentes significados. Enquanto em uma área algum tipo de gsto pode ser reconhecido e ter interpretação clara, em outra ele pode não ter significado, ou mesmo ter um significado completamente oposto.

Gesto de "OK" ou círculo formado pelo dedo indicador e o polegar. Este gesto foi popularizado nos Estados Unidos no início do século 19. Há várias opiniões diferentes sobre o que as iniciais "O.K." significam. Nós nunca saberemos qual destas teorias está correta, mas parece que o círculo em si representa e letra "O" na palavra Okay. O significado de "OK" é bem conhecido em todos os países de língua inglesa, assim como na Europa e na Ásia; em alguns países, contudo, este gesto tem uma origem e um significado completamente diferentes. Por exemplo, na França, quer dizer "zero" ou "nada", no Japão quer dizer "dinheiro", e em alguns países mediterrâneos este gesto é usado para indicar um homem homossexual. Esta informação deve ser muito útil para turistas.

Polegar para cima. Nos Estados Unidos, Grã-Bretanha, Australia e Nova Zelândia o polegar para cima tem vários significados. Ele geralmente é utilizado por caroneiros na estrada, em uma tentativa de pegar um carro que esteja passando. O segundo significado - é "tudo bem", e algumas vezes ele se torna um sinal ofensivo, que quer dizer "sente-se sobre ele". Em alguns países, como na Grécia, este gesto significa "cale a boca", então você pode imaginar a situação com um americano usando-o para pegar uma carona em uma estrada grega! Quando italianos contam de um a cinco, este gesto representa o dígito "I", e então o dedo indicador significa "2". Enquanto para americanos e britânicos, o dedo indicador significa "I", e o dedo do meio significa "2"; neste caso o polegar representa o "5".

Sinal de "V". Durante a Segunda Guerra Mundial, Winston Churchill popularizou a marca "V" como apontamento de vitória,mas isso funciona apenas quando a palma está virada para a plateia. Se, contudo, a palma da mão estiver virada para o orador, o gesto se torna ofensivo e significa "cale a boca". Esta interpretação abusiva é muito popular no Reino Unido e na Austrália. Em muitos países, este gesto também significa "2". Na maior parte dos países europeus, entretanto, o gesto de V significa "vitória". Apenas imagine uma situação cômica em que ingleses mandam alguém calar a boca com este gesto em algum outro país.

Estes exemplos mostram que interpretações equivocadas de gestos podem causar mal-entendidos, especialmente se você não levar em conta as características nacionais do orador. Então, antes de você tirar quaisquer conclusões sobre o significado de gestos e linguagem corporal, é necessário levar em consideração a nacionalidade da pessoa.

Um dos maiores erros que pode ser cometido quando você está começando a aprender linguagem corporal é quando você pega um gesto e o considera isoladamente de outros gestos e circunstâncias. Por exemplo, coçar atrás da cabeça pode significar mil coisas, como: caspas, piolhos, suor, incerteza, esquecimento ou uma mentira, dependendo de quais outros gestos acompanham esta coçada. Então para a interpretação correta, nós devemos levar em conta todo o complexo de gestos que acompanham

Assim como qualquer língua, a linguagem corporal consiste de palavras, sentenças e pontuação. Todo gesto é similar a uma palavra, e a palavra pode ter vários significados diferentes. Para entender o significado da palavra você deve inseri-la em uma sentença.

Capítulo 3. Linguagem corporal e mentiras

Como reconhecer uma mentira: algumas vezes, apesar de nossa vontade, nosso próprio corpo "deixa escapar" aquilo que estamos nos esforçando tanto para esconder. Todos nós já estivemos em uma situação em que não queríamos que alguém percebesse que nos sentíamos mal ou desconfortáveis. Em tais situações, nós colocamos uma máscara que não corresponde com o nosso estado de espírito real: máscara de paz, alegria e conforto. Mas, apesar dos nossos melhores esforços, os entes queridos podem facilmente reconhecer nossas mentiras. Por que isso acontece? Eles conhecem os seus hábitos e maneiras de se comportar, então a menor mudança pode fazer com que eles saibam que algo está errado; e muito provavelmente eles podem detectar uma mentira. Para um estranho perceber rapidamente que você está mentindo será muito mais difícil.

Para entender como reconhecer uma mentira, é necessário entender a psicologia de um mentiroso. Para fazer isso, imagine-se brevemente como um mentiroso. Como você agirá se precisar enganar alguém? Como irá se comportar se precisar convencer alguém de que não fez algo que na verdade fez? Se você se preparar antes, seus movimentos podem ser bem convincentes e você pode controlar o tom da sua voz. Mas será que você pode controlar completamente o seu corpo, de forma a não deixar transparecer a mentira?

Podemos controlar algumas partes do corpo; aquelas que nós sabemos pela experiência diária de nos comunicarmos com as pessoas. Vendo diariamente o seu reflexo no espelho e sabendo quais são nossas expressões faciais quando estamos bravos ou quando rimos; então será fácil fazer a expressão que precisarmos no momento. Se você praticar em frente ao espelho, você pode facilmente conseguir o título de "mentiroso profissional". A pose pode revelar o mentiroso. Por exemplo, ele de repente se curvou ou se endireitou, ou mudou de um pé para o outro. É bem sabido que as pernas são a parte mais difícil de se controlar. Porém, mesmo nessa situação você pode enganar o interlocutor mais atento ao encostar-se em algo, dando suporte às suas costas, ou sentando-se atrás da mesa para esconder as pernas da vista. Mas controlar o seu corpo inteiro é próximo de impossível, especialmente se você nãotem prática e conhecimento suficientes. A conclusão é que se você quiser enganar alguém, é melhor fazê-lo sem contato visual (p. ex.: por telefone).

Como reconhecer uma mentira?
No dia-a-dia, nós raramente temos que mentir deliberadamente e permanentemente (a não ser, é claro, que você seja um mentiroso patológico), isso geralmente acontece espontaneamente. A mentira deliberada, na maior parte das vezes, é contada muito inabilmente, e você consegue se safar com ela apenas porque o ouvinte não consegue distinguir

um mentiroso de uma pessoa sincera. Além disso, o homem enganado subconscientemente sente que foi trapaceado, mas não consegue explicar os sentimentos e demonstra a evidência de engano; ou ele apenas tem vergonha de te dizer na cara que você está mentindo.

Como reconhecer uma mentira de um mentiroso profissional? A primeira coisa a fazer - é levar a sério a sua intuição; o sentimento de que algo está errado e de que você está sendo enganado. Este será o primeiro sinal para olhar atentamente para o seu interlocutor. O controle total de seu corpo é quase impossível, então não importa o quanto ele tente, seu corpo irá denunciá-lo. Mesmo que você refreie conscientemente os gestos maiores, seu corpo estará transferindo várias micro sinais. Sejam eles movimentos dos músculos faciais, a expansão ou contração das pupilas, transpiração na testa, bochechas rosadas, piscadas rápidas, e muitos outros gestos que sinalizam engano.

Dicas para reconhecer uma mentira
- O mentiroso gesticula menos ativamente. Ilustrar palavras com as mãos é manipulação inconsciente. Se estiver sinceramente tentando convencer um amigo de que ele está certo, você subconscientemente usa as mãos para ser mais persuasivo. Se uma pessoa usa menos gestos (seus gestos parecem estranhos), talvez ela esteja mentindo.
- Um mentiroso frequentemente toca o próprio rosto. Durante uma conversa, todos nós tocamos nossos rostos, mas durante uma enganação, nós involuntariamente o tocamos com muito mais frequencia. Se um homem está te trapaceando deliberadamente, ele toca o próprio nariz, ou tapa a boca com uma mão como se dissesse "cale a boca", passa a mão pelo cabelo, ou toca o lóbulo da orelha.
- Outro sinal para reconhecer uma mentira - é um remexer quase imperceptível sobre a cadeira (se ele estiver sentado). Movimentos não

muito bruscos, mas frequentes do corpo significam um desejo subconsciente de escapar, de deixar a zona de desconforto e de não mentir mais.

- Distorção instantânea do rosto. Pegar uma pessoa mentindo pelas expressões faciais é o método mais difícil que requer certas habilidades; já que as contrações faciais acontecem em um ritmo incrível.
- A direção do olhar também pode nos dizer muito. É bem sabido que a parte direita do cérebro é responsável pela lógica e pensamento racional, como números, fatos; assim, se para responder à sua pergunta o interlocutor desviou o olhar para a direita, ele provavelmente está dizendo a verdade.

A forma mais útil de se reconhecer uma mentira é fazer a pergunta mais uma vez. Contar uma mentira traz grande stress e desconforto para o mentiroso. Mesmo que ele tenha se preparado para a mentira, é muito difícil conseguir fazê-lo por duas vezes.

Gesto de mão ao nariz Quando uma pessoa mente, ela subconscientemente tenta fechar a própria boca Contudo, tentando controlar a si mesmo, ele tenta consertar a situação e esconder o movimento involuntário tocando o nariz, como se ele estivesse coçando. Concordo, quando seu nariz está mesmo coçando, você o coça diretamente; o movimento será claro e focado, não um toque leve. Este gesto também é usado por alguém que esteja ouvindo mentiras, quando se dá conta de que está sendo enganado.

2.

Puxar o colarinho. Cientistas comprovaram que uma mentira causa coceira nos músculos do pescoço e do rosto. Desta forma, o desejo de coçar para acalmar estes sentimentos é psicologicamente razoável. Isso torna fácil de perceber: se uma pessoa puxa o colarinho - está com medo que suas mentiras sejam reveladas. O trapaceiro pode até suar. Mas! Os mesmos impulsos podem ser experimentados em caso de raiva, irritação e frustração. Mover o colarinho, neste caso, é para refrescar, não para deixar descontentamento sair do interior. Desta forma, antes de fazer o seu julgamento, primeiro observe a pessoa.

3. Esfregar o olho. Homens, enquanto estão mentindo, esfregam suas pálpebras e as mulheres corrigem a maquiagem, passando um dedo por baixo do olho. Fazendo isso, a pessoa subconscientemente quer evitar contato visual.

4. Coçar o lado do pescoço. Uma observação muito interessante: a pessoa começa a coçar o lado do pescoço ou abaixo do lóbulo da orelha usando o dedo indicador. Se ela duvida daquilo que lhe está sendo dito. Assim, se, depois de te ouvir, ela diz "eu te entendo", "concordo" e esfrega o pescoço, significa - ela não entende ou concorda com suas palavras.

5. **Dedos na boca.** Este gesto indica que a pessoa está vulnerável e que precisa de apoio. O mentiroso nesta situação age como uma criança. Talvez ele tenha apenas ficado confuso e lá no fundo está envergonhado, procurando por ajuda e suporte. Este gesto é muito similar ao de desespero. Então não o julgue rigorosamente. Seja misericordioso.

6. **Esfregar a orelha.** Quando o interlocutor está mentindo ou sabe com certeza que está ouvindo mentiras, tenta proteger-se de mentiras. Em tais momentos, a mão cobre a orelha, como se para protegê-la, ou repousa próxima a ela. Isso mostra que ele está cansado de

compor mentiras ou demonstra que já ouviu o suficiente e que quer expressar-se.

7. Mão à boca. Se uma pessoa não é sincera, tentará cobrir a boca com a mão; mais provavelmente o polegar estará pressionado contra a bochecha. Algumas podem até mesmo tossir. Ainda é importante saber que o mesmo gesto pode ser usado em um momento em que a pessoa está ouvindo, e este é outro sinal. Neste caso, ela suspeita ou sabe com certeza que você está mentindo.

Algumas pessoas cujas profissões estão diretamente ligadas a algum tipo de engano, como políticos, advogados, atores e etc., treinaram seus corpos de maneira que é difícil distinguir quando não estão falando a verdade. Eles dominam os gestos de duas maneiras. Primeiro, trabalham naqueles gestos que passam credibilidade àquilo que dizem; mas isso é possível apenas se você praticar por um longo período. Segundo, eles eliminam quase completamente qualquer tipo de gesto, seja positivo ou negativo, no momento em que estão mentindo, mas isso também é muito difícil de se fazer.

Capítulo 4. Linguagem corporal e carreira

As pesquisas na área da comunicação não-verbal revelaram a relação entre o grau de eloquência e os gestos que as pessoas usam para transmitir o significado de suas mensagens. Isso quer dizer que há uma relação direta entre posição social e profissionalismo e o número de gestos e movimentos corporais que a pessoa usa. O homem no topo da pirâmide social e de sua carreira pode usar a riqueza de seu vocabulário para transmitir as suas mensagens, enquanto pessoas menos educadas ou menos profissionais irão confiar em gestos em vez de palavras no processo de comunicação.

Então para subir a escada e parecer profissional no trabalho, você deve conhecer o corpo e trabalhar nos seus próprios movimentos corporais também. Pode ser muito útil em uma entrevista quando você se inscrever para o emprego dos seus sonhos. A entrevista pode durar por uma hora e você deve controlar o seu corpo por todo esse tempo. O entrevistador pode ser muito experiente e ler informações diretamente de seus movimentos corporais em vez do que você diz. Alguns gestos e poses típicas carregam informações que, durante a conversa, candidatos preferem esconder, contudo eles são bem conhecidos agora não apenas por psicólogos, mas também por gerentes comuns de RH. Então é muito importante dominar as suas habilidades não-verbais tanto quanto ter um bom currículo e trabalhar na sua aparência. A pesquisa mostra que as primeiras impressões sobre um candidato consistem nos seguintes componentes: 7% - a habilidade para apresentar-se (aparência e maneiras), 7% - educação e inteligência, tom de voz - 38%, e 55% a sua linguagem corporal.

Aqui vão algumas dicas para uma entrevista.

Posição corporal
No começo da entrevista, quando te convidarem a se sentar, sente-se bem em frente ao seu interlocutor, não muito

longe ou muito perto, mas de uma forma que pareça natural. Não se revire na cadeira; não transforme o ato de sentar-se em um ritual - endireitando suas costas e mudando bruscamente o seu rosto para parecer mais sério; se quiser fazer isso, prepare-se com antecedência. Tudo isso cria a impressão de que você quer parecer confiante.

Não sente na beira da cadeira, nem balance a perna, isso irá mostrar a tensão e o nervosismo. Não segure a cadeira com as mãos, pois isso também mostra que você não se sente confortável com o entrevistador. A posição da cabeça também é importante. Se você mantiver a cabeça erguida, passará mais confiança e respeito. Se precisar esperar no corredor ou no lobby antes da entrevista, mantenha a calma, não ande de um lado para o outro.

Mãos

De maneira alguma coloque os seus cotovelos sobre a mesa e recoste a cabeça sobre eles; não cruze as mãos. Minimize todos os movimentos das mãos em geral. O melhor émanter as mãos relaxadas sobre o seu colo.

Mantenha as mãos longe do rosto. Especialistas em comunicação não-verbal acreditam que tocar o nariz e a boca durante a conversa significa que o candidato mente. Você tampouco deve tocar o pescoço e as orelhas, porque é um sinal de falta de profissionalismo ou desconfiança.

Olhos
É necessário manter contato visual direto durante a entrevista. Você deve ser capaz de olhar nos olhos do entrevistador. Contato visual - é um sinal muito positivo; e se não for utilizado corretamente, pode facilmente resultar nas mais negativas consequências.

Não é necessário hipnotizar o entrevistador, apenas mantenha contato visual por 10 segundos, então por um breve momento você pode desviar o olhar; então reestabeleça o contato novamente. Quando estiver escutando o entrevistador, é permitido acenar com a cabeça levemente. Geralmente aquele que escuta suporta contato visual direto por mais tempo que o que fala. Ao responder às questões, não olhe para baixo. Isso quer dizer insinceridade. É impossível, também, mostrar interesse e entusiasmo sem olhar no rosto do seu interlocutor.

Linguagem corporal do entrevistador

Aquele que faz as perguntas - é também um humano exatamente como você, então você também pode usar os sinais do corpo dele, mais como uma precaução ou para se ajustar a ele.

Se ele mostrar qualquer sinal de aborrecimento (perda de contato visual direto, descansar a cabeça na mão), é necessário responder às perguntas de forma mais específica, pontual e clara.

Quando o entrevistador cruza os braços e reclina-se para trás, quer dizer que ele não concordar com a sua candidatura e que está pronto para finalizar a entrevista. Também pode significar que ele se sente desconfortável se você estiver sentado muito próximo a ele e talvez você esteja invadindo seu espaço pessoal.

Prática
Pratique responder a perguntas, sentado em frente a um espelho, sozinho. Você será capaz de identificar todos os seus erros. Mesmo que você se considere um profissional e um candidato perfeito para o emprego que você quer, lembre-se que há outros candidatos com os quais você deve competir, o que faz com que psicólogos e gerentes de RH prestem

atenção à sua linguagem corporal durante a entrevista.

Estas dicas também funcionam para qualquer reunião de negócios. É interessante que você pode até mesmo definir o tom das negociações apenas com um aperto de mão.

Apertos de mão

Os apertos de mão vem de um tempo antigo quando as pessoas o utilizavam para demonstrar que não carregavam nenhuma arma consigo. O gesto mudou com o passar do tempo e há modificações, como balançar uma mão no ar. A forma moderna do ritual antigo de cumprimento é quando as pessoas puxam a mão uma da outra em direção a si e as balançam levemente.

Aperto de mão dominante esubmisso

Durante o aperto de mão dominante, sua mão agarra a mão de outra pessoa de maneira que a sua palma esteja voltada para baixo.

Não é necessário que sua mão esteja completamente na horizontal, mas é importante que esteja voltada para baixo em relação à mão da outra pessoa. Isso torna claro que você está deteminado e que será o senhor da situação. Quase todos os gerentes de alta hierarquia e homens de negócios bem sucedidos usam o aperto de mão dominante e sempre dão a mão primeiro. Se você for confrontado com um aperto de mão como esse, significa que seu interlocutor prefere um estilo agressivo de negociação, tentará colocar pressão sobre você durante a conversa e que é melhor ser cauteloso.

Há uma maneira de lidar com o aperto de mão dominante. Apenas um pequeno passo à frente para invadir o seu espaço pessoal. Seu oponente ficará intrigado e você, por conseguinte, irá recuperar a iniciativa.

Para mostrar a sua posição submissa, você deve deixar a sua palma da mão voltada para cima durante o aperto de mão, da maneira como é mostrada abaixo. Isto é necessário em tais situaçoes em que você quer dar a iniciativa ou enfatizar a sua posição mais baixa apertando a mão do seu chefe.

Quando dois homens poderoso apertam as mãos, há uma luta invisível entre eles, durante a qual ambos estão tentando subjugar o outro. O resultado é um aperto de mão no qual ambas as mãos ficam na posição vertical, e os dois homens tem um senso de respeito e compreensão um pelo outro, considerando seu interlocutor como um igual.

Mas não é tão simples. Algumas pessoas usam apertos de mão fracos e submissos porque se importam com as suas mãos. Por exemplo, para cirurgiões, artistas ou músicos, mãos são importantes profissionalmente, então eles te deixarão usar o aperto de mão dominante, para não machucarem as suas mãos. Ou seu oponente tem algum problema com as juntas. Então é melhor não contar apenas com esta informação. É este o momento em que você vai precisar de todo o conhecimento sobre linguagem corporal para ter uma carreira de sucesso.

Um homem que estende a mão de longe, muito provavelmente, é franco, alegre e sociável. Ele dirige-se à outra pessoa com uma mão aberta, o que é um gesto amplo que demonstra boa vontade. Se você imaginar a sua segunda mão fazendo a mesma coisa, o movimento se parecerá com um abraço. Tal gesto é uma demonstração de abertura. Se os movimentos e a fala do homem são ativos e rápidos, você pode facilmente presumir que ele é uma pessoa com iniciativa, que gosta de agir sem atraso.

Um aperto de mão com o braço inteiramente estendido mostra que a pessoa não quer deixar o interlocutor entrar em sua zona íntima e mostra alguma hostilidade. Contudo, tal aperto de mão é normal em áreas menos populosas porque a zona íntima nestes lugares é mais ampla do que nas cidades grandes.

Balançar as pontas dos dedos. Isso acontece quando a pessoa segura apenas os seus dedos em vez da sua mão inteira. O principal objetivo deste aperto de mão é manter a outra pessoa a uma distância confortável. Balançar as pontas dos dedos acontece frequentemente quando duas pessoas definem "espaço privado" de formas diferentes. Isso pode acontecer se o espaço privado de um for de 60 cm e o do outro for de 90 cm. Obviamente a segunda pessoa prefere manter uma distância maior, e as mãos, enquanto estão se cumprimentando não podem conectar-se apropriadamente. Este aperto de mão também é comum quando um homem cumprimenta uma mulher.

Aperto de mão enluvado é quando uma pessoa coloca a outra mão por cima do aperto de mão normal. Este tipo de aperto de mão é comumente utilizado por políticos. Ao usá-lo, o homem demonstra ser confiável, mas isso funciona apenas com pessoas que você conhece bem. Se você usar isso com alguém que acabou de conhecer, o efeito será o contrário, então o receptor pode se sentir cauteloso e desconfiado.

Posições corporais

Posição em pé.
Você está em pé, as costas e os ombros estão endireitados, a cabeça está erguida. Esta posição é associada com relaxamento e conforto; ela diz que você está em harmonia consigo mesmo.

Posição sentada
Atente-se sempre sobre como você se senta, porque esta é uma posição que transmite muito sobre os seus sentimentos íntimos. Sente-se com as costas eretas e certifique-se de que as pernas estejam juntas, em paralelo, ou cruzadas sobre o joelho ou tornozelo. Geralmente as mulheres não cruzam as

pernas, mas a etiqueta de negócios permite que homens o façam.

Mãos

Algumas pessoas "falam" com as mãos. Outras, entretanto, contém as mãos de forma rígida. Mas nenhuma delas, na maior parte das vezes, nem pensa sobre como suas mãos se movem enquanto estão falando. Gestos podem ser efetivos ou agressivos. Mas na maior parte das vezes, não são informativos. Administrar os gestos requer esforço e força de vontade. Controle as suas mãos. Em reuniões de negócios, tente evitar gestos largos.

Capítulo 5. Linguagem corporal e flerte

Estudos conduzidos por zoologistas e cientistas comportamentais revelaram que tanto os animais machos quanto as fêmeas usam um número de gestos complexos para cortejar. Alguns deles são óbvios, enquanto outros são disfarçados. A maioria deles são feitos de maneira inconsciente. Eles concluíram que o ritual humano para cortejar não é muito diferente do dos animais. A tarefa consiste em demonstrar gestos específicoos de cortesia do seu sexo para o seu ou a sua parceira em potencial. Aqueles que se interessarem irão responder com gestos apropriados ou com sinais de paquera, deixando você saber, de forma não-verbal, que estão gostando de você.

O sucesso no flerte depende da habilidade de enviar e de receber sinais de paquera. As mulheres são mais sensíveis a estes gestos, uma vez que são sensíveis a quase todos os sinais da linguagem corporal. Homens são menos sensíveis; por vezes, são completamente "cegos" e não notam coisa alguma.

Listaremos abaixo os sinais usados por indivíduos de ambos os sexos para atrair potenciais parceiros sexuais. Vamos falar mais sobre sinais femininos do que masculinos. Isso porque as mulheres tem uma gama de sinais de paquera maior que a dos homens.

Gestos masculinos de flerte

O homem começa a se arrumar ao avistar a mulher que gosta, de uma forma semelhante aos animais. Suas mãos dirigem-se ao pescoço para alinhar a gravata. Se não estiver usando uma gravata, pode ajeitar o colarinho ou remover alguma poeira imaginária dos ombros, abotoar abotoaduras, a camisa, o casaco, ou outra peça de roupa. Ele pode também alisar os cabelos para parecer mais atraente. Pode voltar o seu corpo na direção da mulher, direcionando a ponta do sapato para ela.

Ele lança a ela um olhar íntimo, que matém por mais tempo do que deveria. Se estiver mesmo interessado, as pupilas de seus olhos irão se expandir. Com frequência fica em pé com as mãos no quadril para enfatizar a força física e demonstrar prontidão para a interação com esta mulher. O gesto mais agressivo para os homens é quando colocam os polegares por baixo do cinto ou colocam as mãos nos bolsos da calça para acentuar a área genital. No que diz respeito ao ritual de cortejar, os homens quase não tem ferramentas especiais para isto.

Gestos femininos de flerte
Aqui falaremos sobre sinais que são usados pelas mulheres para atrair a atenção dos homens. Em parte, há uma similaridade com os sinais masculinos. Por exemplo: tocar o cabelo, mãos nos

quadris, ajeitar a roupa, voltar o corpo na direção do homem, longos olhares, etc. Mas há outros gestos que são tipicamente femininos apenas.

Jogar a cabeça
Ela faz um movimento brusco com a cabeça para jogar o cabelo do rosto para os ombros ou vice-versa. A propósito, este gesto é usado até por mulheres com cabelos curtos.

Exibição do pulso
Mulheres interessadas em um parceiro sexual em potencial irão mostrá-lo periodicamente a pele delicada de seus pulsos. A área do pulso foi sempre considerada uma das zonas mais erógenas. Quando uma mulher conversa com um homem, tenta manter suas mãos onde ele possa vê-las. Para mulheres que fumam, é fácil fazer este gesto provocante enquanto estão fumando. Os gestos de exibir os pulsos e jogar os cabelos são frequentemente copiados por transsexuais e homossexuais que desempenham o papel de mulher.

Pernas afastadas

Os pés são posicionados de maneira ligeiramente mais afastada que o usual, estando a mulher sentada ou em pé. Esta posição identifica uma mulher relaxada e calma. Uma vez que se as pernas estivessem bem fechadas ou cruzadas, a mulher estaria tentando proteger a si mesma e demonstrando indisposição para ter qualquer contato com o homem.

Rebolar
Rebolar um pouco mais do que o normal é feito de maneira inconsciente para atrair a atenção dos homens para a área dos quadris.

Olhar disfarçado
Baixando os olhos ligeiramente , a mulher olha para o homem até que ele perceba, então rapidamente desvia o olhar. Isso passa a sensação fascinante de que alguém está te observando furtivamente e uma insinuação provocante de estar sendo espiado. Tal sentimento pode excitar quase qualquer homem normal.

Lambere morder os lábios
Uma mulher lambe os lábio para deixá-los molhados e parecer mais atraente para o

homem. Ela pode pensar em intimidade com o homem e lamber e morder os lábios em antecipação de prazer. Ou ela apenas tenta provocá-lo com um beijo sugestivo. Batom também é usado com a mesma finalidade.

Pupilas dilatadas, batimentos cardíacos e respiração acelerados, rubor e outros sinais também mostram excitação.

Às vezes as decisões que tomamos sobre continuar um relacionamento ou não dependem diretamente de como o nosso parceiro se comporta. Todos estes gestos e sinais com certeza irão te ajudar a tomar a decisão correta e possivelmente construir um relacionamento bem-sucedido.

Conclusão

Como você pode ver, a linguagem corporal é usada por todos. Para ser bem-sucedido em várias esferas da vida, você deve aprendê-la. Além disso, você pode controlar o seu corpo em certas situações para atingir os seus objetivos e para manipular pessoas ao seu redor. Lembre-se de que é impossível aprender todo o material logo na primeira vez. Este livro está repleto de informações importantes e úteis. Você pode adicionar marcações, de maneira a ter acesso rápido a elas.

Tente colocar este conhecimento em prática. Não tenha medo de erros, porque, como sabemos, "Quem não erra é porque não vive".

www.ingramcontent.com/pod-product-compliance
Lightning Source LLC
Chambersburg PA
CBHW071905070526
44583CB00016B/1853